NOTES

CONCERNANT LA PREMIÈRE PARTIE

DE L'OPINION D'UN CRÉANCIER DE L'ÉTAT

SUR LE BUDJET, ET SUR LES OBSERVATIONS ET RÉFLEXIONS DONT IL A ÉTÉ L'OBJET, ADRESSÉE AUX CRÉANCIERS DE L'ÉTAT.

C'est une étrange manie que celle de parler des choses que l'on ignore, et de raisonner sur ce que l'on ne comprend pas! Cette réflexion s'est présentée naturellement à mon esprit, après avoir lu l'écrit qui vient de tomber sous ma main. Les premières lignes m'avaient fait penser que j'allais y trouver la réfutation complette des reproches qui avaient été faits, dans l'intérêt du crédit comme dans celui de la justice, aux assertions contenues, et dans l'exposé de la situation de la France, et dans le rapport du Ministre des finances, présentés aux deux chambres; mais j'ai bientôt reconnu que non-seulement cet écrit ne répondait à rien; mais qu'il confirmait même, sans que l'auteur parût s'en apercevoir, les observations qu'il avait eu l'intention de combattre.

Le préambule fait juger tout d'abord de l'esprit de l'ouvrage. Il confond, par un innocent artifice, deux écrits *qui n'ont pas le même objet*, afin de rendre communs aux deux les reproches que l'auteur se propose de leur distribuer. Il doit y avoir eu là une intention, et l'on ne peut pas la supposer bienveillante; au reste, je ne connais point l'écrit de M. Ganilh qui attaque le projet de finances et le budjet, à ce que j'en puis juger par la seconde partie de l'opinion de *M. le créancier de l'État*; et quand même cet écrit me serait connu, il ne m'appartiendrait pas d'en juger le mérite. Car, malgré que je sois créancier de l'État comme un autre, je ne pense pas que cette qualité donne le talent qu'il faut pour prononcer sur une pareille matière; j'en ai la preuve sous les yeux.

J'avoue donc de bonne foi que, sans partager toutes les craintes de M. Ganilh sur l'abus que le Ministre pourrait faire de 2 à 3oo millions qu'il aurait la faculté d'appliquer *à des jeux de bourse*, je ne vois néanmoins rien de clair pour moi dans tout ce que dit *M. le créancier de l'État*, en faveur du plan proposé pour l'émission et le rachat des obligations; je me repose, pour le jugement de cette opération compliquée (du moins pour ma faible intelligence), sur la sagesse et les lumières des membres des deux chambres, auxquels le soin de régler cette importante affaire est spécialement commis.

Je remarque seulement que, suivant *M. le créancier de l'État*, les 2 ou 3oo millions qui ont effrayé M. Ganilh ne devraient être dans la main du Ministre qu'en quatre ans, à raison de 5o ou de 75 millions par an. Cette variante de 5o à 75 millions me paraît d'abord assez extraordinaire, parce qu'il y a des gens qui s'étonnent de tout; mais en supposant la recette de 75 millions par an, elle ne serait encore, en quatre ans, qu'un capital de 3oo millions; et comment faire face, avec 3oo millions qui ne devraient rentrer qu'en quatre ans, à 759 millions d'obligations remboursables *à trois années fixes?* Il faudrait donc, pour que le remboursement s'opérât en trois années, que 225 millions, qui doivent seulement rentrer dans ce même intervalle, pussent suffire pour en racheter 759 : ce qui supposerait le cours des obligations au dessous de 25 pour 100, et causerait par conséquent aux créanciers 75 pour 100 ou trois quarts de perte. Je suis bien persuadé que *M. le créancier de l'État* s'est perdu dans ses calculs, et que le plan du Ministre ne peut pas avoir un résultat aussi déplorable. Mais voilà ce qui arrive quand d'ignorans et maladroits apologistes veulent parler de ce qu'ils n'entendent pas; ils donnent à d'autres ignorans comme moi de fausses idées, et font par-là beaucoup de mal.

Le même paragraphe me présente bien un autre sujet d'inquiétude ! on y avance que le Ministre des Finances *dispose de tous les fonds du royaume.* Où *M. le créancier de l'État* a-t-il pris une pareille absurdité, et comment s'est-il permis de la proclamer avec une aussi imprudente assurance ? Certes, je suis loin d'élever le moindre doute sur la moralité du Ministre auquel le Roi a donné sa confiance; mais la confiance n'exclut pas les précautions que la sagesse commande. Eh! qui pourrait dormir tranquille sur ce que l'Etat lui doit, s'il était vrai que la fortune publique fût à la disposition d'un seul homme? Heureusement il n'en est point ainsi; le Ministre des finances est bien le gardien des fonds de l'Etat, mais il n'en a pas la libre disposition; il en contrôle au contraire la sortie, et l'emploi qui ne peut avoir lieu qu'en vertu des ordonnances des Ministres, chacun dans son attribution, et conformément au budjet réglé pour son département. Le Ministre des Finances ne peut donc réellement disposer que des fonds affectés par le budjet au service de son ministère.

C'est par ce principe que, par le passé, les valeurs à échéance étaient renfermées dans une caisse à trois clefs, pour n'en être tirées qu'aux époques du recouvrement, en vertu d'un décret spécial, et avec le concours de trois personnes.

Que deviennent alors les calculs par lesquels *M. le créancier de l'Etat* a prétendu tranquilliser M. Ganilh ?

Voilà encore un exemple de l'inconvénient de parler de ce que l'on ignore.

J'en trouve un autre encore, page 6, où *M. le créancier de l'Etat* veut bien prendre la peine d'apprendre à l'auteur des *Observations* les expédiens employés précédemment pour offrir *un équilibre apparent* dans les budjets.

Il faut que je fasse observer, en premier lieu, que ce qui est appelé ici un équilibre *apparent* est reconnu (page 8) un équilibre *réel et effectif*. Ce ne sera pas la seule occasion que j'aurai de montrer *M. le créancier de l'Etat* en contradiction avec lui-même.

Mais, ajoute-t-il, « l'auteur *des Observations ne s'aperçoit pas*
» que les comptes imprimés des Ministres de la guerre, de la
» marine, de l'intérieur, etc., etc. étaient incomplets et insi-
» gnifians ; qu'ils présentaient le montant des ordonnances dé-
» livrées par les Ministres, c'est-à-dire des paiemens faits par les
» Ministres, et non le montant des sommes dues pour les dé-
» penses ordonnées et effectuées, soit qu'elles fussent payées,
» soit qu'elles ne le fussent pas ».

Je demande à *M. le créancier de l'Etat* la permission de lui représenter *qu'il ne s'aperçoit pas lui-même* qu'il confond ici deux choses très-distinctes ; savoir : les budjets et les comptes des Ministres.

Les budjets sont le tableau de la situation effective des finances, à une époque déterminée, et contiennent la totalité des ressources et la totalité des dépenses de chaque exercice ; et ce n'est que *dans ce sens* que *M. le créancier de l'Etat* a pu reconnaître lui-même, comme je le ferai voir plus bas, que l'*équilibre existait dans les budjets* avant la campagne de Moscou.

Les comptes *d'ordonnances*, au contraire, ne peuvent présenter que la situation actuelle du service de chaque ministère, à l'époque à laquelle ils sont formés ; ce qui n'a rien de commun avec la situation de l'exercice constatée par les budjets. *Monsieur le créancier de l'Etat* se serait épargné cette bévue, s'il avait voulu prendre la peine d'ouvrir l'un des comptes rendus de l'administration des finances : il y aurait trouvé, pour chaque exercice non soldé, un tableau qui présente le montant du budjet pour chaque ministère ; celui des *dépenses ordonnancées*, et la somme restant disponible sur le crédit ouvert par le budjet. C'est sur ce restant disponible qu'étaient payables les dépenses non encore ordonnancées au moment où le compte était présenté.

Et puis, *M. le créancier de l'Etat* se plaindra qu'on le chicane sur des riens! Qu'il s'accoutume donc à ne parler qu'à propos.

Ce que je remarque plus particulièrement dans son opinion, c'est l'intention bien prononcée de donner le change sur les véritables motifs des *Observations* qu'il discute, en supposant qu'elles n'avaient été dictées que par le désir de se constituer le défenseur officieux *du systême général du dernier Gouvernement*. Sans doute il a charitablement pensé que c'était un moyen innocent de faire planer sur l'auteur une suspicion favorable à ses vues. Cependant je me suis convaincu, par une nouvelle lecture, que ces *Observations*, à la modération desquelles j'ai entendu partout rendre hommage, quoi qu'en puisse dire *M. le créancier de l'Etat*, tendaient essentiellement à démontrer que le mal était beaucoup moins grand qu'on ne l'avait fait dans le premier exposé; ce qui a été confirmé, huit jours après, par le rapport du Ministre des finances, qui pouvait seul revenir sur les renseignemens erronés qu'on l'avait mis dans le cas de donner à M. le Ministre de l'intérieur, et qui a réduit spontanément la dette exigible, de près de 1,700 millions, à 759 millions seulement, sur lesquels, comme on l'a dit, il y a certainement des bonifications à espérer; car il est bon de remarquer que ce calcul de 759 millions n'est appuyé d'aucun élément justificatif.

Ce point de fait n'avait assurément rien de commun avec le systême, bon ou mauvais, du dernier Gouvernement; il n'avait donc point été établi dans son intérêt, mais uniquement dans celui de la vérité, comme de la tranquillité des créanciers de l'Etat. Pourquoi donc donner à une action utile et louable un motif équivoque ou contraire? pourquoi transformer en homme de parti celui qui avait éclairci un fait dont la connaissance importait autant à la France entière, et au bien du service du Roi? Etait-ce bien à *un créancier de l'Etat* à s'en plaindre?

Serait-ce dans les réflexions générales contenues dans la con-

clusion des *Observations* que ce *créancier* aurait trouvé le titre
de l'espèce d'accusation qu'il se permet?

Eh! où en serions-nous, si un homme d'honneur pouvait
être signalé comme l'ennemi de son Prince et de son pays,
parce qu'il aurait franchement averti que l'on manquait, en le
dépassant, le but que l'on voulait atteindre...? Mais l'opinion
publique a fait justice de cette maligne interprétation, à laquelle
je ne pense pas que celui qu'elle pourrait intéresser attache
plus d'importance qu'elle n'en mérite.

Je poursuis l'examen de l'opinion de *M. le créancier de
l'État*.

On avait prétendu, dans l'exposé comme dans le rapport du
Ministre des finances, que le déficit actuel (qui doit au moins
être réduit du montant des sommes qui restent à percevoir, soit
sur les contributions antérieures au 1er. avril 1814, soit par la
vente des biens des communes) provenait des arriérés qui s'étaient
formés d'années en années, par suite de l'exagération des recettes et de l'atténuation des dépenses dans le budget.

L'auteur des *Observations* a établi que l'équilibre existait au
1er. janvier 1812, autant qu'il se peut dans les affaires d'une
grande nation, et que par conséquent tout le mal provenait des
campagnes désastreuses de 1812, 1813 et 1814.

Qu'oppose à cela *M. le créancier de l'État?* « L'occupa-
» tion et le pillage des pays voisins de la France étaient la prin-
» cipale base des finances de l'ancien Gouvernement; ainsi
» l'invasion de l'Allemagne et les guerres qui en furent la suite
» *rétablirent l'équilibre* en 1806 et 1807. Les guerres d'Espagne
» et de Portugal furent entreprises : il fallut fournir des fonds
» aux armées qui l'occupaient; de nouvelles armées levées en
» France allèrent chercher ces fonds en Allemagne, *et l'équi-
» libre se rétablit encore.* A la campagne de Moscou, le poids en-
» tier des dépenses de la guerre retomba enfin sur la France. »

Il me semble que ces détails, sans apprendre rien à personne,
prouvent évidemment que l'auteur des *Observations* avait eu rai-

son de dire *que l'équilibre existait au 1er. janvier 1812*, puisque *M. le créancier de l'Etat* en convient lui-même.

« Que l'on cesse donc, ajoute-t-il, de vanter comme un chef-
» d'œuvre de combinaison financière l'exactitude avec laquelle
» l'équilibre était conservé dans les budjets. »

Mais où cet intraitable *créancier* a-t-il donc vu cette jactance prétendue? Que vois-je dans les observations qu'il combat? qu'en l'an 8, comme personne ne l'ignore, nos affaires étaient dans un état beaucoup plus fâcheux qu'elles ne sont aujourd'hui; que l'on fonda alors, et au milieu des ruines, le système d'administration et de perception des contributions directes, qui subsiste encore, et auquel on ne refuse pas quelqu'éloge; et que trois ans après (en l'an 10) il existait le plus parfait équilibre entre nos recettes et nos dépenses, ce qui me paraît incontestable. Cependant jusqu'alors, l'Allemagne, la Hollande, l'Italie, l'Espagne et le Portugal n'avaient point été appelés à partager nos charges; la France se suffisait donc à elle-même, et déjà la caisse d'amortissement avait acquis, ainsi que je le vois au chapitre 10 du compte des finances de l'an 10, 2,067,319 fr. de rente 5 p. 100, dont l'intérêt devait être appliqué à de nouveaux amortissemens; déjà aussi l'on avait jeté les bases d'une opération immense, celle du cadastre, opération féconde en résultats pour l'amélioration de l'agriculture qu'il importe si fort d'encourager.

N'est-il pas permis de conclure de ces faits, que le système dé finances fondé en l'an 8, et auquel je ne vois pas que l'on se dispose à rien changer, était celui qui convenait à la France, et qu'il pouvait, si les circonstances n'eussent pas changé, la conduire à une prospérité durable? et n'avons-nous pas vu que, malgré un état continuel de guerre, la confiance était encore, à la fin de 1811, au degré le plus satisfaisant, à en juger par le cours élevé des effets publics.

On peut, ce me semble, dire ces choses-là, parce qu'elles sont vraies, sans encourir le reproche de ne pas sentir tous les avantages du Gouvernement que nous avons recouvré. Cela n'a rien de commun et ne peut se confondre que par des intentions malveillantes.

Heureusement la passion porte souvent avec elle le remède au mal qu'elle a voulu faire ; en exaltant les idées, elle y porte le désordre et amène des contradictions qui n'échappent point à un juge impartial et de sens froid.

Par exemple, *le créancier de l'État* nous dit (page 8) : « Un » moyen de salut pour les finances naissait, à la fin de 1812, » de l'excès même du mal ; les armées avaient été détruites, » ou considérablement affaiblies ; *la France aurait pu suffire aux* » *besoins de la paix.* »

C'est donc, comme l'a dit l'auteur des *Observations*, aux deux dernières campagnes que tout le mal est dû, puisque l'on reconnaît que, même après la désastreuse campagne de Moscou, *la France aurait encore pu se suffire à elle-même.* Cela me paraît sans réplique, et les *Observations* ne disent rien de plus.

Je suis obligé de reprendre la même citation pour la rapprocher d'une assertion toute contraire.

On vient de voir (page 8) *que la France aurait pu,* à la fin de 1812, *suffire aux besoins de la paix ;* et on lit (page 9) *que la paix seule suffisait pour amener le déficit.*

A quoi faut-il croire ?

Comment *M. le créancier de l'Etat* peut - il ajouter qu'il y a quelque générosité au Ministre des finances du Roi, d'avoir négligé les conséquences qu'il pouvait tirer de ces faits ? Je suis loin de regarder ce Ministre comme étranger à ce sentiment honorable, quand il ne sera livré qu'à ses mouvemens propres, mais il me semble que ce n'était pas là le lieu de lui en faire un mérite.

Voyons si *M. le créancier de l'État* est plus heureux en calculs qu'en raisonnemens.

Le ministre des finances fixe, par son rapport, le déficit de l'exercice 1813 à 278,482,000 fr., et il fait observer que ce déficit est réel, parce que *la plus grande partie de cette somme restait à recouvrer dans les départemens séparés de la France.*

Voilà qui est clair et précis, et tout-à-fait conforme à ce qu'a dit l'auteur des *Observations.*

Qu'oppose à cela *M. le créancier de l'Etat ?* Après avoir embrouillé la matière, en ajoutant 150 millions aux 278, pour en former un total de 428, il ajoute d'un ton solennel : « Lorsqu'un » budget est réglé à la fin du onzième mois de l'année, on doit » en exiger de l'exactitude, puisqu'il doit, pour les dix premiers » mois, être un compte raisonné ».

Mais si *M. le créancier de l'État* savait *lire* , il aurait vu, dans les *Observations* qu'il avait sous les yeux, que l'on ne pouvait attribuer à l'inexactitude du budget un déficit que le Ministre a reconnu provenir, pour la plus grande partie, des départemens que nous avons perdus, et qui a dû s'augmenter des pertes éprouvées dans les départemens envahis, quoique restés depuis à la France.

Et voilà ce que *M. le créancier de l'État* appelle un résultat *monstrueux* dans les circonstances où la France s'est trouvée !

Quant à ce qui concerne l'exercice 1814, il ne fallait que du bon sens pour juger que cet exercice sortait de toutes les règles ordinaires, et qu'il ne pouvait être l'objet d'aucune critique raisonnable.

« L'anonyme , dit *M. le créancier de l'État,* qui veut » absolument tout justifier , soutient qu'il était tout simple de » prendre et de manger (car , dit-il, détourner et dévorer dé- » notent de la passion) tous les fonds des dépôts confiés aux » caisses publiques; que le besoin, la nécessité excusaient tout ».

Il me semble , à moi qui n'appartiens à personne, et qui ai, par conséquent, le droit de parler suivant ma conscience, que l'on rapporte ici avec inexactitude et évidemment avec malveillance ce que l'anonyme a dit sur ce chapitre.

Il a d'abord fait remarquer que , dans un état montant à

275 *millions* auquel on avait donné pour titre *État des fonds détournés*, il ne se trouvait effectivement que 17 à 18 millions, qui n'eussent pas été appliqués par le trésor à leur destination. Ne pourrait-on pas accuser raisonnablement de *passion* un semblable artifice? et devait-on, dans les circonstances extrêmes dans lesquelles la France s'était trouvée, attacher à l'interversion momentanée d'une telle somme la même importance que l'on aurait dû mettre à un détournement de 275 millions ?

N'est-ce pas, de la part de *M. le créancier de l'État*, une misérable chicane que de revenir sur un objet qui ne prend de gravité que par le soin qu'il a eu de le séparer des circonstances extraordinaires qui doivent en atténuer l'importance.

Il me faut encore le suivre dans le dédale où il se jette pour se donner le plaisir de parler à son tour de la caisse d'amortissement.

Il commence, suivant son usage, par altérer le texte des *Observations*, afin de se placer sur un terrain qui lui convienne. Cette tactique peut être fort habile, mais elle ne dénote pas beaucoup de bonne foi.

« On prétend, dit-il, que les fonds de la caisse d'amortisse-
» ment, consacrés à éteindre la dette publique, ont pu être,
» au gré du chef du Gouvernement, employés au service du
» trésor ».

Eh bien ! je ne trouve pas un mot de tout cela dans les *Observations*.

Voici ce que j'y trouve, moi qui ne me pique pas de savoir lire mieux qu'un autre.

« Le Gouvernement a eu le droit d'exiger de cet établissement
» un genre de service qu'il était éminemment propre à rendre,
» celui de mettre le trésor à portée d'employer à ses affaires
» des valeurs considérables en domaines et autres objets qui
» ne pouvaient se réaliser qu'avec le tems ; mais qui pouvaient
» convenablement servir de gage à des bons de la caisse d'a-

» mortissement , portant intérêt , et remboursables à des
» époques fixes.

Où *M. le créancier de l'État* a-t-il vu qu'il fût question ,
dans ce paragraphe , d'établir que le Gouvernement avait eu le
droit d'employer au service du trésor *les fonds consacrés à
éteindre la dette publique ?* Qu'il cite donc les lois qui avaient
affecté *les biens-fonds possédés d'abord par la Légion d'honneur , par le Sénat et par le Prytannée , tous les domaines de
France et tous ceux des pays réunis , ou qui pouvaient l'être ,* à
l'amortissement de la dette publique. Si ces lois n'existent pas ,
de quel droit la caisse d'amortissement aurait - elle pu s'empa-
rer de ces biens ? et qu'y a-t-il eu de commun entre le soin
qu'elle a été chargée de prendre de réaliser ces valeurs , et
les fonctions qu'elle aurait eu à remplir , sous le rapport
de l'amortissement, si les circonstances avaient permis de
donner à ses opérations en ce genre les développemens conve-
nables.

Autre inexactitude plus gra veencore. « L'auteur des *Observations*
dit : (c'est *M. le créancier de l'Etat* qui parle) que sous le
» rapport même de l'amortissement de la dette, la caisse d'amortis-
» sement n'a pas été entièrement inutile, puisqu'elle possède
» encore 3,600,000 fr. de rentes qu'elle a acquises : cela est
» affirmé avec assurance; eh bien! croirait-on que non-seule-
» ment la caisse d'amortissement n'a pas acquis ces rentes, mais
» qu'au contraire elle en a vendu qu'elle n'avait point ache-
» tées. »

Il y a ici , *M. le créancier de l'Etat* , ou une ignorance
bien coupable, puisque vous aviez le moyen de vous éclairer,
ou la plus insigne mauvaise foi. Les livres de la caisse d'amortissement , et ses bilans publiés chaque année, déposent contre cette
assertion mensongère. J'ai cité plus haut le résultat qu'offrait, à
cet égard, le compte des finances de l'an 10.

Mais voyons vos preuves.

« La loi du 24 avril 1806 a créé, au profit de la caisse d'a-

» mortissement, une rente de trois millions sur le grand-livre.
» La loi du 15 janvier 1810 a ouvert un crédit en rentes de quatre
» millions, sur lesquels deux millions ont été donnés à la caisse
» d'amortissement, *en échange de ses bons.* »

Eh bien! était-ce pour *l'amortissement de la dette, que ces rentes
avaient été créées?* et si elles avaient dû avoir cette destination, la loi
aurait-elle prescrit à la caisse d'amortissement de remettre, pour
valeur de ces rentes, *ses bons applicables au paiement des dépenses du service?* Ne lui aurait-elle pas prescrit, au contraire,
de les conserver pour en toucher les intérêts et accroître ainsi
ses moyens d'amortissement? Si vous aviez pris la peine de con-
sulter la loi avant de vous jeter dans cette imprudente agression,
vous y auriez vu, ou on aurait pu vous rendre le service de vous
y faire voir ce que j'y trouve moi-même.

Avant de quitter ce chapitre, je ne puis m'empêcher de m'é-
tonner qu'un homme qui paraît s'intéresser autant à la gloire du
Ministre, n'ait pas compris qu'il lui donnait un ridicule en supposant *qu'il avait le premier osé nous révéler solennellement les
élémens de la science d'amortissement.*

Premièrement, je ne vois pas ce qu'il y aurait eu de *hardi* dans
une semblable révélation, si elle avait été nécessaire; mais en-
suite ces élémens, connus depuis si long-tems, comme l'a fait
remarquer l'auteur des *Observations,* n'avaient-ils pas reçu leur
application dès l'an 8, et n'en trouvons-nous pas encore les développemens dans la loi du 15 juillet 1811, qui avait ordonné l'a-
mortissement de huit millions de la dette, opération qui était en
cours d'exécution depuis deux ans? Les principes de l'amortissement n'étaient donc pas plus inconnus en France que partout
ailleurs, et par conséquent l'auteur des *Observations* n'a pas pu,
comme le prétend *M. le créancier de l'Etat,* annoncer qu'il
différait la révélation de ses vues sur cette matière; et le Ministre,
en ajournant l'amortissement, sacrifie aux circonstances comme
on l'avait fait avant lui : voilà tout le mystère.

Encore une bévue de *M. le créancier de l'Etat* : car ce

pauvre homme se fourvoie à chaque pas, et il semble qu'il ne
marche qu'un bandeau sur les yeux. « Le Ministre des finances
» du Roi, dit-il, présente l'exercice 1810 comme balancé. Cet
» exercice a fait bien plus, dit l'anonyme, il a fourni un excé-
» dant de recettes de 7,768,545 fr., lequel, appliqué à 1811,
» couvrira le deficit de 6,302,451 fr.

» J'ouvre le compte de l'ancien Ministre, état C, page 12,
» exercice 1811, et j'y remarque cet article,

» Recettes (décret du 15 janvier 1812) sommes rentrées,
» ci.................................. 8,536,000 fr.

» Cette énonciation est énigmatique, mais je me rappelle
» avoir lu, dans quelque compte antérieur, que le décret du
» 15 janvier 1812 avait ordonné de porter à 1811 les excédans
» de recette de 1810. Ces excédans sont donc portés en recette
» *pour une somme supérieure à celle de l'anonyme*, qui n'a pu
» deviner cette énigme, ou qui en a perdu le mot ».

J'ai droit de m'étonner qu'un homme qui paraît avoir lu les
comptes de finances avec une attention telle que sa mémoire
seule lui suffit pour retrouver le fil d'une opération dont l'énonciation était énigmatique pour lui, n'ait rien vu dans ces comptes
de tout ce que j'y ai puisé moi-même pour détruire ses falla-
cieuses objections.

Mais voyons si, dans cette circonstance, son intelligence l'a
aussi bien servi que sa mémoire.

Premièrement, l'auteur des *Observations* a dit que l'exercice
1810 *avait fait plus que se balancer*, et *M. le créancier de l'Etat*
en offre la preuve lui-même, en rappelant qu'un décret du
15 janvier 1812 avait ordonné *de porter à* 1811 *les excédans de la
recette de* 1810, et que ces excédans avaient été portés en
recette, au compte de l'ancien Ministre (état C, page 12,
exercice 1811) pour 8,536,000 fr.

Or, un exercice qui a fourni 8,536,000 fr. à l'exercice suivant, a certainement *fait plus que se balancer*. L'assertion de
l'auteur des *Observations* était donc exacte.

Mais, dit *le malicieux créancier*, ces excédans sont portés en recette *pour une somme supérieure au calcul de l'anonyme*, qui n'a pu deviner cette énigme, ou qui en a perdu le mot.

Je demande si un homme de bon sens a jamais eu l'idée de reprocher à quelqu'un de tenir plus qu'il n'avait promis ; et si *M. le créancier de l'État* trouverait juste que l'on suscitât quelque jour au Ministre des finances une semblable querelle ! C'est bien assurément ce que je lui souhaite.

Mais il y a plus : c'est que les renseignemens que je me suis, de mon côté, procurés, m'ont appris que *M. le créancier de l'Etat* était encore tombé dans une de ces bévues qui lui sont si familières. Il n'a pas compris un mot du calcul présenté par l'auteur des *Observations*, qui a annoncé que, depuis la formation du dernier compte des finances, *les crédits* de l'un des ministères avaient été reconnus supérieurs *aux dépenses effectives* d'une somme de 7,768,542 fr., ce qui réduisait l'ensemble des dépenses de cet exercice de 785,060,443 fr. à 779,037,986 fr.

Or quelle devait être la conséquence de cette situation définitive ? de réduire, dans les écritures du trésor, *la recette applicable aux dépenses de* 1810, à 779,037,986 francs au lieu de 785,060,443 fr., montant du dernier budget, et de porter la différence en addition aux 8,536,000 fr. déjà portés en recette au compte de 1811. Cette opération, qui devait être exécutée *postérieurement au dernier compte rendu*, aurait été présentée dans le compte suivant, et les 7,768,542 fr. auraient couvert, et au delà, comme l'auteur des *Observations* l'a dit avec raison, n'en déplaise à *M. le créancier de l'État*, le prétendu déficit de 6,303,414 fr. provenant, dit-on, de restes irrécouvrables sur 1811 ; déficit qui n'est au surplus nullement prouvé.

J'ose espérer que *M. le créancier de l'État* me saura quelque gré de ma patience à me traîner avec lui sur toutes les traces de son ignorance ou de sa maladresse.

On va trouver dans le paragraphe suivant une nouvelle preuve de l'extrême habileté qu'il sait mettre à disposer son terrain.

L'auteur des *Observations* a demandé modestement s'il ne serait pas autorisé à diriger le reproche de dissimulation sur le tableau n°. 10, annexé au rapport du Ministre, et dont les calculs donnaient pour résultat une réduction de 24 centimes, tandis qu'il y avait réellement augmentation de 26.

Notez qu'il ajoutait qu'il ne prétendait pas blâmer la mesure en elle-même, mais que seulement elle ne lui paraissait pas *fidèlement* présentée.

Sur cela *M. le créancier de l'État* se jette dans des calculs dont les élémens lui sont inconnus, et qui le conduisent à de fausses conséquences. Il s'écrie : « Quelle est donc cette aug- » mentation dont on nous épouvante *et dont je paierai ma part?* » Il y a, dit-on, 26 centimes d'augmentation, on aurait dû en » déduire 3 centimes ajoutés au fonds de non-valeurs ; ils seront » rendus aux contribuables ; le trésor n'en profitera pas. Reste » 23 centimes sur la contribution foncière et 34 sur la con- » tribution mobilière. Ces centimes produiront environ 45 mil- » lions : voilà donc cette surcharge dont on prétendrait nous » effrayer, et sur laquelle on chicane le Ministre. »

Il est bien pénible de marcher continuellement sur les pas d'un homme qui s'égare dans les fausses routes qu'il s'est lui-même frayées et qui l'éloignent toujours de plus en plus du droit chemin.

Premièrement je doute que *M. le créancier de l'État* doive réellement payer sa part de l'augmentation, quelle qu'elle soit ; je suis persuadé qu'alors il y regarderait de plus près.

En deuxième lieu, qui lui a dit que les 3 centimes ajoutés au fonds de non-valeurs et de dégrèvement seraient nécessaire-ment rendus aux contribuables et que le trésor n'en profiterait pas ? Personne, excepté *M. le créancier de l'État*, n'ignore que le fonds de non-valeurs n'est applicable à cette desti-nation que jusqu'à concurrence de l'étendue réelle de cette nature de besoins, qui est toujours éventuelle. S'il arrivait donc que le fonds primitif se trouvât suffisant pour couvrir les

non - valeurs reconnues, les 3 centimes de supplément de-
deviendraient sans destination , et dans ce cas , aucune partie
n'en serait restituée aux contribuables. Le mot *restituer* est
d'ailleurs très-impropre ici. On applique la portion nécessaire
du fonds de non-valeurs à couvrir les receveurs des cotes irrécouvrables , et des remises ou modérations accordées à des
contribuables malheureux ou surtaxés ; et ce n'est que dans des
cas très-rares que l'on donne une ordonnance payable en
argent à un contribuable qui aurait déjà acquitté sa taxe avant
que la modération lui eût été accordée ; mais , dans aucun cas ,
on ne peut dire que le fonds de non-valeurs doive être consi-
déré comme nul dans la fixation générale de l'impôt, puisqu'il est réellement fourni par le plus grand nombre, au profit
du plus petit, et qu'il augmente par conséquent très-réelle-
ment la partie contributive du plus grand nombre.

En troisième lieu, qui a pensé à effrayer *M. le créancier de
l'Etat* sur une prétendue surcharge dont il n'est pas dit un mot
dans les *Observations* qui allument si violemment sa bile?

On a dit simplement : l'opération n'est pas fidellement présentée. Cela est-il vrai , ou non? 60 au lieu de 34 donnent-ils une
diminution de 24 ou bien une augmentation de 26? Voilà tout le
problême, et l'on n'en avait pas présenté d'autre.

Il faut aborder la critique de *M. le créancier de l'Etat*, sur
la dernière *Observation* qui a attiré son attention. Nous allons
trouver une nouvelle preuve de son exactitude ordinaire.

« Le Ministre des finances, dit-il, cite *textuellement* le compte
» de 1812, duquel il résulte qu'à l'époque où il fut arrêté, l'exa-
» gération dans la valeur présumée des biens des communes,
» mis en vente, avait été de 206 millions, plus de moitié. »

Voyons ce que dit l'auteur des *Observations* sur cet article.

On dit, dans le rapport du Ministre, en parlant des biens des
communes : « Le dernier compte des finances de 1812 réduit *la
» première estimation* de 370 millions à 164 millions ; on recon-
» naît ainsi une exagération de 206 millions. »

Ce n'est pas là, dit l'auteur des *Observations*, ce que dit le compte de 1812, ni ce qu'il reconnaît : il dit que *les prises de possession connues jusque-là*, présentaient une valeur estimative de 164 millions.

Comment, ayant cette explication sous les yeux, avez-vous pu prendre la confiance de nous dire, *M. le créancier de l'Etat*, que le Ministre citait *textuellement* le compte de 1812 ? Les mots *estimation* ou *prise de possession* sont-ils donc synonymes ? Faites-vous donc expliquer les *Observations* que vous réfutez sans les entendre, car je finis par perdre patience (1).

------

(1) Le produit à espérer de la vente des biens des communes avait été estimé primitivement pouvoir s'élever, avec le bénéfice présumé des enchères, et dans toute l'étendue du territoire dont l'Empire se composait alors, à 370 millions.

La loi ordonna qu'il serait *pris possession* de ces biens par la régie de l'enregistrement, au nom de la caisse d'amortissement, et la régie reçut l'ordre de se faire envoyer, par ses préposés sur les lieux, la note de la valeur, pour une première mise à prix, de ceux de ces biens dont il aurait été *pris possession* pendant le cours de chaque semaine, afin que l'on pût suivre d'ici la marche et les résultats de cette opération.

La régie recevait donc, chaque semaine, de chacun de ses directeurs, un état des *prises de possession* consommées dans chaque département, et de la somme à laquelle devrait être fixée, lors des adjudications, la première mise à prix des biens *qui se trouvaient sous sa main*. Elle faisait former, à l'aide de ces états particuliers, un tableau général qui était remis, chaque semaine, au Ministre des finances, et qui le mettait à portée de connaître, au fur et à mesure, la valeur estimative des biens *dont il avait été pris successivement possession*. L'état de situation de cette opération présentait, à l'époque de la formation du compte des finances de 1812, une valeur estimative, pour la première mise à prix, de la somme de 164 millions. Le Ministre dut porter ce résultat dans son compte, afin de faire connaître la *situation actuelle* de l'opération, dont il lui eût été impossible de faire pressentir dès-lors le résultat définitif, puisque rien ne pouvait lui apprendre où l'on en était des *prises de possession*, et quelle pouvait être la valeur présumée des biens que les préposés de la régie n'avaient pas eu le tems encore de mettre sous sa main.

Comment donc a t-on pu, avec quelque bonne foi, confondre avec les

Il faut pourtant me contenir encore un moment : il me reste
à relever un dernier tour d'adresse aussi fin que tous les autres.

« J'ai oublié , dit *M. le créancier de l'État* , de faire re-
» marquer une singulière observation : le Ministre des finances
» porte intégralement en recette les contributions directes ordi-
» naires. L'anonyme le saisit sur le fait : il copie une phrase ,
» et reproche de l'exagération à cette estimation. Qu'il veuille
» bien lire la phrase suivante, page 23, et l'état n°. 5 : il verra
» que les contributions extraordinaires ne sont portées que pour
» *mémoire ;* que cependant le Ministre en attend, dans les dé-
» partemens restés intacts, des recouvremens suffisans pour
» couvrir les non-valeurs sur les contributions dans les dépar-
» temens ravagés ».

Puisque vous étiez en train d'extraire, pourquoi, homme malicieux , vous êtes-vous arrêté en si beau chemin? il vous en
aurait coûté bien peu de transcrire les deux lignes qui suivent;
je vais prendre le soin d'y suppléer.

« Cette évaluation, dit le rapport, comme la plupart de celles
» que nous présentons au milieu des incertitudes qui nous en-
» vironnent, est fort éventuelle ».

---

prises de possession , *l'estimation, primitive* dont l'entière réalisation devait
dépendre de la *prise de possession* de la totalité des biens compris dans la disposition de la loi.

Une semblable erreur a d'autant plus lieu de surprendre, que le rapport
même du Ministre actuel semblait devoir la prévenir, puisqu'il présente dans
son Rapport (page 47) la nouvelle situation des *prises de possession* consommées au premier avril 1814 , et la porte à une valeur estimative, pour
une première mise à prix, de 169,324,475 fr.

Eh bien! *M. le créancier de l'État* , ne m'est-il pas permis de reproduire, à
meilleur titre que vous , la réflexion que l'auteur des *Observations* avait
faite : « *je laisse à juger de quel côté se trouve ici l'exactitude ou la bonne*
» *foi* ».

J'ajouterai qu'il faut savoir la langue que l'on a la prétention de parler.

Avez-vous craint, *M. le créancier de l'État,* que cette citation n'affaiblît l'attaque que vous prépariez sur cet article?

Mais comment n'avez-vous pas compris que cette réflexion
n'avait pas été faite *sérieusement* par l'auteur des *Observations,*
qui m'a paru un homme de bon sens? Ne vous avait-il pas dit, ou
du moins à ceux qui sauraient *le lire,* que dans tous les pays du
monde un budjet n'était *qu'un aperçu* qui se rectifiait à mesure
que les résultats étaient connus? Comment aurait-il donc sup-
posé que l'on pût ne pas sentir que le véritable objet de cette
réflexion, que vous avez eu la bonhommie de prendre *à la lettre,*
était de faire remarquer que l'on avait eu tort de refuser aux
budjets de 1813 et 1814, faits dans des circonstances plus fâ-
cheuses encore que celles où nous nous trouvons, une indul-
gence dont on avait soi-même besoin, et dont on aurait besoin
dans tous les tems? Et en effet, s'il arrivait que, dans le compte
qui sera rendu dans un ou deux ans, les contributions se trou-
vassent avoir rendu 5o ou 6o millions de plus qu'elles ne sont
évaluées par le budjet, pensez-vous qu'il convînt de mettre le
Ministre en accusation? et s'il arrivait aussi que, par des consi-
dérations de haute politique, telle dépense dont on rendrait
compte n'eût pas été portée au budjet, faudrait-il encore mettre
le Ministre en jugement?... Pauvre homme que vous êtes!

Me voilà enfin au terme de la tâche que je m'étais imposée, et
j'espère que l'auteur des *Observations* me tiendra quelque compte
de ma persévérance : jamais elle ne fut mise à une plus rude
épreuve.

J'ai dit que je n'entendais me mêler en rien à la discussion
qui s'élève entre M. Ganilh et ce redoutable *créancier de l'État,*
et je n'ai point de mérite à tenir ma parole. Je n'aurai pas non
plus la témérité d'aborder la grande question de l'intérêt légal
de l'argent, que *M. le créancier de l'État* traite avec une
érudition qui m'épouvante. Je sens qu'à la hauteur à laquelle
il s'est élevé, il ne peut regarder qu'en pitié les hommes qui,

sans s'ériger en casuistes, pensent cependant qu'il est bon que les lois mettent un frein à l'usure, ce fléau destructeur de l'agriculture, des manufactures et du commerce. Beaucoup d'honnêtes gens, imbus de vieux préjugés, partagent cette opinion, et les principes de *M. le créancier de l'État* ne feront pas fortune auprès d'eux; mais il n'est pas homme à s'en décourager. Sa doctrine, vraiment hébraïque, lui assure un noble dédommagement dans le suffrage de toutes les synagogues du monde.

L'AMI DE LA VÉRITÉ.

De l'imprimerie de BALLARD, rue J. J. Rousseau, N°. 8.